"Depresión y Ansiedad, A Mí También Me Pasó"

"Depresión y Ansiedad, A Mí También Me Pasó"

"Depresión y Ansiedad, A Mí También Me Pasó"

"Depresión y Ansiedad, A Mí También Me Pasó"

Viendo la Luz al Final del Túnel

Autora: Lucia Flores

Facebook: Daniel Sandoval

Copyright©2023 de Daniel Sandoval Todos los derechos reservados. Este libro está protegido por las leyes de Copyright© Europa y legislación internacional.

Este libro no se puede copiar ni reproducir para ganancias o beneficios comerciales.

Diseño de la portada: Daniel Sandoval

Impreso en Europa, Argentina, Reino Unido, EEUU, 2023

"Depresión y Ansiedad, A Mí También Me Pasó"

Índice

Introducción

Capítulo 1: El Comienzo de mi Viaje

Capítulo 2: Caída en la Oscuridad

Capítulo 3: Buscar Ayuda y Apoyo

Capítulo 4: Luchando contra los Demonios Internos

Capítulo 5: Descubriendo la Luz

Momentos de Claridad y Esperanza

Encuentros Transformadores

Capítulo 6: El Camino de la Sanación

Capítulo 7: Relaciones y Apoyo Social

Capítulo 8: La Recaída y Cómo Salir de Ella

Capítulo 9: Crecimiento Personal y Resiliencia

Capítulo 10: Mantener el Bienestar a Largo Plazo - Prácticas Diarias para el Bienestar Mental

Capítulo 11: El Poder de la Gratitud y la Mindfulness

Capítulo 12: Explorando la Autoaceptación y el Amor Propio

Capítulo 13: El Rol de la Nutrición y el Ejercicio en la Salud Mental

Capítulo 14: Arte y Creatividad como Terapia - Expresión Creativa para Sanar el

Capítulo 15: Navegando las Relaciones Familiares Durante la Depresión y la Ansiedad

Capítulo 16: El Impacto del Entorno en la Salud Mental

"Depresión y Ansiedad, A Mí También Me Pasó"

Capítulo 17: La Importancia del Sueño en el Bienestar Mental

Capítulo 18: Superando el Miedo al Estigma - Desafiar los Estereotipos y la Discriminación

Capítulo 19: Afrontando los Desafíos Laborales con Depresión y Ansiedad

Capítulo 20: El Viaje Espiritual hacia la Sanación - Encontrando Consuelo en la Espiritualidad

Capítulo 21: Construyendo Relaciones Románticas Saludables

Capítulo 22: El Papel de la Terapia Cognitivo-Conductual en la Recuperación –

Capítulo 23: Enfrentando los Desafíos del Tratamiento Médico -

Capítulo 24: El Impacto de la Depresión y la Ansiedad en la Familia y Amigos

Capítulo 25: Celebrando la Vida Después de la Depresión y la Ansiedad

Conclusión

Lecturas Recomendadas

Agradecimientos

"Depresión y Ansiedad, A Mí También Me Pasó"

Introducción

Soy Lucia Flores, y este libro es mi viaje personal a través de la oscura y tortuosa travesía de la depresión y la ansiedad. A lo largo de estas páginas, compartiré contigo mis experiencias más íntimas y profundas, explorando los rincones más oscuros de mi mente y cómo finalmente encontré la luz al final del túnel.

Cuando me sumergí en las profundidades de la depresión y la ansiedad, sentí que estaba completamente sola, perdida en un mundo de dolor y desesperación. Pero a medida que luché y me aferré a la esperanza, descubrí que no estaba sola. Mi viaje no fue lineal ni fácil; fue una montaña rusa de emociones, desafíos y, finalmente, triunfos. Quiero que sepas que no estás solo en tu lucha. Hay esperanza, incluso en los momentos más oscuros.

A lo largo de este libro, te llevaré a través de los momentos de desesperación y miedo, pero también te guiaré hacia la sanación y el crecimiento. Compartiré las herramientas y estrategias que me ayudaron a superar la depresión y la ansiedad, así como las lecciones que aprendí en el camino. Mi objetivo es ofrecerte apoyo, comprensión y, sobre todo, esperanza. Porque sé que, incluso en los momentos más difíciles, la luz puede brillar a través de las grietas.

Así que, querido lector, te invito a unirte a mí en este viaje. Atravesemos juntos el oscuro túnel de la depresión y la ansiedad y descubramos la luz juntos. Puede que el camino sea difícil, pero siempre hay esperanza al final del túnel.

"Depresión y Ansiedad, A Mí También Me Pasó"

Capítulo 1: El Comienzo de mi Viaje

Era una tarde soleada, pero dentro de mí, una tormenta comenzaba a gestarse. Los días se volvían cada vez más grises, y la sonrisa que solía adornar mi rostro se desvaneció gradualmente. Al principio, pensé que era solo una fase pasajera, un mal día que todos tienen de vez en cuando. Sin embargo, pronto me di cuenta de que mi tristeza no era temporal; se había instalado en mi corazón como una sombra persistente.

Superar el estigma fue el primer obstáculo. Hablar sobre mis sentimientos era como caminar por un campo minado, temiendo el juicio y la incomprensión de los demás. La sociedad a menudo malinterpreta la depresión y la ansiedad, considerándolas signos de debilidad en lugar de reconocerlas como batallas internas reales y valientes. Pero decidí enfrentar ese estigma, desafiando las expectativas de quienes me rodeaban y, sobre todo, de mí misma.

Reconocer los síntomas fue un paso crucial. Las noches de insomnio se convirtieron en la norma, mientras que la sensación de agobio me perseguía constantemente, como una sombra ominosa. La pérdida de interés en las cosas que solían traerme alegría me asustó profundamente. Me encontraba atrapada en un torbellino de pensamientos negativos, incapaz de ver una salida.

"Depresión y Ansiedad, A Mí También Me Pasó"

Fue en ese momento oscuro cuando decidí buscar ayuda. Aceptar que necesitaba apoyo no fue fácil, pero entendí que no podía enfrentar esta batalla sola. Comencé a hablar con un terapeuta, compartiendo mis miedos y ansiedades en un espacio seguro. A medida que las palabras salían de mi boca, sentí un peso levantarse de mis hombros; finalmente, estaba dando pasos hacia la luz al final del túnel.

Este fue el comienzo de mi viaje, un viaje lleno de desafíos, pero también de esperanza. Enfrentar el estigma y reconocer mis síntomas me permitió dar los primeros pasos hacia la recuperación. Aunque el camino sería largo y complicado, estaba determinada a verlo a través, decidida a alcanzar esa luz al final del túnel, donde la paz y la felicidad me esperaban, listas para sanar las heridas de mi alma.

"Depresión y Ansiedad, A Mí También Me Pasó"

Capítulo 2: Caída en la Oscuridad

La depresión, como una sombra densa, se cerraba a mi alrededor, envolviéndome en su abrazo gélido y desesperado. Mis pensamientos se volvieron intrínsecamente negativos, distorsionando la realidad y sembrando semillas de duda y tristeza en cada rincón de mi mente. Me sentía atrapada en un laberinto interminable de desesperación, incapaz de encontrar la salida.

Profundizando en la Depresión

Cada día era una lucha. Las tareas cotidianas se volvieron abrumadoras, como si llevar el peso del mundo sobre mis hombros. La fatiga se convirtió en mi compañera constante, y las actividades que antes disfrutaba perdieron su encanto. El mundo exterior parecía un lugar distante y ajeno, mientras yo caía cada vez más profundamente en la oscuridad de mi propia mente.

La Atormentadora Presencia de la Ansiedad

La ansiedad se convirtió en una presencia constante, como un eco inquietante en el fondo de mis pensamientos. Mi corazón latía rápidamente, como un tambor ensordecedor, y las preocupaciones se multiplicaban sin control. Cada interacción social se volvía una batalla, llenándome de temor y autocrítica. La

"Depresión y Ansiedad, A Mí También Me Pasó"

sensación de ahogo se hizo familiar, como si estuviera permanentemente bajo el agua, luchando por alcanzar la superficie.

La ansiedad y la depresión formaban una danza macabra en mi mente, alimentándose mutuamente y creando una tormenta perfecta de desesperación y miedo. En medio de esta oscuridad, me aferré a la esperanza como a un frágil hilo de seda. Sabía que tenía que encontrar una manera de liberarme de esta atormentadora presencia, incluso si eso significaba escalar las paredes aparentemente impenetrables de mi propia mente.

Este capítulo representa mi descenso a las profundidades de la depresión y la ansiedad, un viaje angustioso en el que me enfrenté a mis miedos más oscuros y a la abrumadora sensación de desesperación. Sin embargo, incluso en medio de la oscuridad, había una chispa de determinación en mi interior, una chispa que me recordaba que aún no había perdido la batalla y que la lucha por la luz al final del túnel apenas comenzaba.

"Depresión y Ansiedad, A Mí También Me Pasó"

Capítulo 3: Buscar Ayuda y Apoyo

La realización de que no podía superar esta batalla por mí misma fue un punto de inflexión en mi viaje. Fue un acto de valentía admitir que necesitaba ayuda y aceptar que merecía recibir apoyo. Este capítulo explora cómo buscar ayuda y apoyo se convirtió en un faro de esperanza en medio de la oscuridad, guiándome hacia la recuperación.

La Importancia de la Terapia

Iniciar la terapia fue un paso crucial hacia mi sanación. Encontrar un terapeuta comprensivo y empático fue como encontrar un faro en medio de una tormenta. A través de las sesiones, aprendí a desentrañar los nudos de pensamientos negativos que habían estado envolviendo mi mente. Mi terapeuta se convirtió en un confidente, un guía que me ayudó a comprender las raíces de mis miedos y a desarrollar estrategias para enfrentarlos.

La terapia no solo me proporcionó herramientas prácticas para manejar mis emociones, sino que también me brindó un espacio seguro para expresar mis temores más profundos. Aprendí a desafiar mis pensamientos distorsionados y a reemplazarlos con afirmaciones positivas. A medida que las semanas pasaban, comenzaba a ver pequeños destellos de luz en mi vida, signos de que la terapia estaba funcionando, que estaba avanzando hacia la salida del túnel oscuro.

"Depresión y Ansiedad, A Mí También Me Pasó"

El Papel de la Familia y Amigos

El apoyo de mi familia y amigos se convirtió en un pilar fundamental durante mi proceso de recuperación. A menudo, las personas que me rodeaban no sabían qué decir o hacer, pero su presencia significaba el mundo para mí. A través de sus abrazos silenciosos y palabras de aliento, sentí que no estaba sola en mi lucha.

Mis seres queridos se educaron sobre la depresión y la ansiedad, aprendieron a reconocer mis signos de angustia y estuvieron allí para mí en los momentos de necesidad. Las conversaciones honestas con mi familia ayudaron a desterrar el estigma asociado con la salud mental, creando un espacio donde podía compartir mis pensamientos y emociones sin sentirme juzgada.

A través de la terapia y el amor incondicional de mis seres queridos, empecé a ver una salida del túnel oscuro, una luz que antes parecía inalcanzable, pero que ahora se volvía cada vez más brillante, llenándome de esperanza y determinación.

"Depresión y Ansiedad, A Mí También Me Pasó"

Capítulo 4: Luchando contra los Demonios Internos

Cada día se convirtió en una batalla, una lucha constante contra los demonios internos que amenazaban con hundirme en la oscuridad una vez más. Pero a medida que mi viaje de recuperación avanzaba, comencé a desarrollar estrategias para enfrentar los días difíciles y desafiar los ciclos interminables de pensamientos negativos que habían plagado mi mente durante tanto tiempo.

Estrategias para Afrontar los Días Difíciles

Una de las primeras lecciones que aprendí fue la importancia de cuidar de mí misma, incluso en los momentos más oscuros. Incorporar prácticas de autocuidado en mi rutina diaria se convirtió en un ancla, una forma de mantenerme firme cuando las olas de la depresión y la ansiedad amenazaban con arrastrarme. Aprendí a valorar las pequeñas victorias: levantarme de la cama por la mañana, tomar una ducha, preparar una comida nutritiva. Estos actos cotidianos se convirtieron en actos de resistencia, pruebas de que podía superar incluso los días más difíciles.

Además del autocuidado, la práctica regular de la atención plena se convirtió en una herramienta poderosa para calmar mi mente inquieta. La meditación y la respiración consciente me ayudaron a alejar los pensamientos intrusivos y a encontrar momentos de paz en medio del caos mental. A través de estas prácticas, aprendí a observar mis pensamientos sin juzgarlos, permitiéndoles venir y luego dejarlos ir, liberándome del poder paralizante de la negatividad.

Rompiendo Ciclos de Pensamientos Negativos

Romper los ciclos de pensamientos negativos fue un desafío monumental. Mi mente estaba acostumbrada a auto-flagelarse, a repetir una y otra vez los mismos mensajes destructivos. Pero con el tiempo, aprendí a cuestionar esos pensamientos y a desafiar su veracidad. Comencé a llevar un diario de pensamientos, registrando mis emociones y desafíos diarios. Al escribir mis pensamientos, podía verlos desde una perspectiva diferente, a menudo descubriendo que perdían su poder sobre mí cuando los expresaba en palabras.

La terapia cognitivo-conductual también desempeñó un papel crucial en este proceso. Trabajé con mi terapeuta para identificar patrones de pensamiento negativos y distorsiones cognitivas. Aprendí a cuestionar y reestructurar mis pensamientos automáticos, reemplazándolos con afirmaciones positivas y realistas. Este trabajo requería paciencia y práctica, pero gradualmente, empecé a notar una diferencia. Los pensamientos negativos perdieron su intensidad, permitiéndome ver el mundo con una perspectiva renovada.

"Depresión y Ansiedad, A Mí También Me Pasó"

A través de la práctica del autocuidado, la atención plena y la terapia cognitivo-conductual, encontré herramientas para enfrentar mis miedos y desafiar la oscuridad que amenazaba con consumirme. Cada pequeño paso hacia adelante se convirtió en una victoria, fortaleciendo mi determinación de alcanzar la luz al final del túnel.

"Depresión y Ansiedad, A Mí También Me Pasó"

"Depresión y Ansiedad, A Mí También Me Pasó"

Capítulo 5: Descubriendo la Luz

A medida que continué mi viaje, comencé a vislumbrar destellos de luz en medio de la oscuridad. Este capítulo narra mi experiencia al descubrir la luz, mostrando cómo los momentos de claridad y esperanza, junto con encuentros transformadores, me brindaron la fuerza para seguir adelante.

Momentos de Claridad y Esperanza

En medio de la tormenta, encontré momentos de calma inesperada. Una puesta de sol vibrante, el cálido abrazo de un ser querido, o incluso una simple sonrisa de un desconocido en la calle; estos momentos se convirtieron en anclas de esperanza que me recordaban que la belleza aún existía en el mundo, incluso cuando mi mente estaba nublada por la depresión y la ansiedad.

La práctica de la gratitud se convirtió en un faro de luz en mi vida. Cada día, tomaba un momento para reflexionar sobre las pequeñas cosas por las que estaba agradecida: un rayo de sol que se filtraba por la ventana, el aroma del café por la mañana, el apoyo inquebrantable de mis seres queridos. Estos momentos de gratitud crearon una sensación de conexión con el mundo exterior y me recordaron que, a pesar de los desafíos, todavía había belleza en la vida que valía la pena apreciar.

"Depresión y Ansiedad, A Mí También Me Pasó"

Encuentros Transformadores

A lo largo de mi viaje, tuve encuentros que cambiaron mi perspectiva de manera fundamental. Uno de estos momentos fue conocer a alguien que había superado experiencias similares y había salido del otro lado más fuerte y más sabio. Sus palabras resonaron en mi corazón, mostrándome que la recuperación era posible, que la oscuridad no tenía por qué ser mi única compañía.

También tuve encuentros con profesionales de la salud mental cuya empatía y comprensión marcaron la diferencia en mi viaje. Sus palabras alentadoras y su apoyo constante me dieron la fuerza para continuar incluso en los momentos más difíciles. Estos encuentros me mostraron que no estaba sola en mi lucha y que había personas dispuestas a ayudarme a encontrar la luz al final del túnel.

A través de encuentros transformadores y prácticas como la gratitud, aprendí a valorar la belleza en la vida nuevamente y a abrazar la luz que se filtraba a través de las grietas de la oscuridad. Cada uno de estos momentos se convirtió en un recordatorio de mi propia fortaleza y una prueba de que la esperanza podía florecer incluso en el terreno más inhóspito.

"Depresión y Ansiedad, A Mí También Me Pasó"

Capítulo 6: El Camino de la Sanación

A medida que avanzaba en mi viaje hacia la recuperación, descubrí que la sanación no era un destino, sino un camino en sí mismo. Este capítulo explora mi experiencia en el camino de la sanación, revelando cómo las terapias alternativas y complementarias, junto con el acto transformador de aceptar y abrazar mis emociones, se convirtieron en piedras angulares en mi viaje hacia la luz.

Terapias Alternativas y Complementarias

Exploré terapias alternativas y complementarias que me ofrecieron nuevas perspectivas sobre mi propia salud mental. La acupuntura se convirtió en un oasis de calma en medio de mi agitada mente. Sentir las agujas en mi piel, cada una de ellas llevando consigo una sensación de alivio, me enseñó a estar presente en mi cuerpo y a liberar la tensión acumulada.

El yoga se convirtió en una práctica fundamental en mi viaje hacia la sanación. A través de las posturas y la respiración consciente, encontré una conexión profunda entre mi cuerpo y mi mente. Aprender a escuchar mi cuerpo y a respetar sus límites se convirtió en un acto de amor propio, un recordatorio de que merecía cuidado y atención.

Mindfulness: Aceptar y Abrazar las Emociones

"Depresión y Ansiedad, A Mí También Me Pasó"

La práctica del mindfulness se convirtió en una brújula que me guió a través de las aguas turbulentas de mis emociones. Aprender a aceptar mis pensamientos y emociones, incluso los más oscuros y dolorosos, se convirtió en una parte esencial de mi sanación. Al observar mis pensamientos sin juzgarlos, pude liberar el poder que tenían sobre mí. Descubrí que al permitirme sentir plenamente mis emociones, podía dejar que fluyeran a través de mí en lugar de quedarse atrapadas, allanando el camino para la verdadera sanación.

A través de estas prácticas, aprendí a estar presente en mi propio cuerpo y mente, a aceptar mis emociones con compasión y a liberar el peso de la depresión y la ansiedad que me habían mantenido atrapada durante tanto tiempo. Cada sesión de acupuntura, cada clase de yoga y cada práctica de mindfulness se convirtieron en pasos en mi camino hacia la sanación, recordándome que la luz al final del túnel estaba cada vez más cerca.

"Depresión y Ansiedad, A Mí También Me Pasó"

Capítulo 7: Relaciones y Apoyo Social

En medio de mi viaje de sanación, descubrí la poderosa influencia de las relaciones y el apoyo social en mi recuperación.

Construir Relaciones Positivas

Aprender a construir relaciones positivas se convirtió en una parte vital de mi viaje hacia la recuperación. Al principio, la depresión y la ansiedad me habían aislado, haciéndome sentir como si estuviera atrapada en un mundo solitario. Pero a medida que empecé a sanar, entendí la importancia de abrirme a los demás y permitir que las personas positivas y amorosas entraran en mi vida.

Aprendí a establecer límites saludables en mis relaciones, eliminando a personas tóxicas y rodeándome de individuos que me apoyaban y me inspiraban. Estas conexiones genuinas se convirtieron en un refugio seguro, un lugar donde podía ser yo misma sin juicios ni críticas. Compartir mis pensamientos y emociones con personas de confianza se convirtió en un acto liberador, aliviando el peso de la depresión y la ansiedad que había estado cargando en silencio.

La Importancia del Apoyo Comunitario

"Depresión y Ansiedad, A Mí También Me Pasó"

El apoyo comunitario se convirtió en un faro de esperanza en mi viaje. Participar en grupos de apoyo y comunidades en línea me brindó una red de personas que entendían verdaderamente mi experiencia. Escuchar las historias de los demás y compartir las mías me hizo sentir conectada y comprendida, rompiendo la sensación de aislamiento que la depresión y la ansiedad habían creado.

Además, el apoyo comunitario me proporcionó recursos y herramientas adicionales para mi recuperación. A través de talleres, charlas y eventos, aprendí estrategias adicionales para manejar mis emociones y superar los desafíos diarios. La sensación de pertenencia a una comunidad solidaria me dio la confianza para enfrentar mis miedos y continuar en mi viaje hacia la luz al final del túnel.

Al abrirme a los demás y rodearme de personas comprensivas y alentadoras, encontré el coraje para enfrentar mis desafíos y superar los obstáculos en mi camino hacia la sanación. Estas conexiones significativas se convirtieron en un bálsamo para mi alma, recordándome que no estaba sola en mi lucha y que, juntos, podíamos iluminar el camino hacia un futuro más brillante.

"Depresión y Ansiedad, A Mí También Me Pasó"

Capítulo 8: La Recaída y Cómo Salir de Ella

A pesar de los avances en mi camino hacia la sanación, enfrenté momentos difíciles, incluidas las recaídas. Este capítulo explora mi experiencia con la recaída, cómo aprendí de esos momentos oscuros y las estrategias que utilicé para recuperarme y continuar en mi viaje hacia la recuperación.

Aprender de las Recaídas

La recaída, aunque desalentadora, se convirtió en una maestra implacable. Cada vez que me encontraba en el abismo de la depresión y la ansiedad nuevamente, aprendía algo nuevo sobre mí misma y sobre mi viaje hacia la sanación. Comprendí que las recaídas no eran señales de fracaso, sino recordatorios de que la recuperación era un camino con altibajos, y eso estaba bien.

Aprendí a identificar los desencadenantes que llevaban a las recaídas y a reconocer los patrones de pensamiento y comportamiento que me arrastraban de nuevo a la oscuridad. Al tomar conciencia de estos factores, pude desarrollar estrategias para abordarlos de manera proactiva y evitar caer en el ciclo destructivo una y otra vez.

"Depresión y Ansiedad, A Mí También Me Pasó"

Estrategias para Recuperarse

Recuperarse de una recaída requería compasión y paciencia hacia mí misma. En lugar de castigarme por retroceder, practiqué la autoaceptación y el perdón. Aprendí a tratarme con la misma amabilidad que mostraría a un ser querido que estuviera pasando por un momento difícil.

Además, me apoyé en las herramientas que había adquirido durante mi viaje de sanación. La terapia, el yoga, la meditación y el apoyo de mis seres queridos se convirtieron en anclas que me ayudaron a salir de la recaída. Hablar abiertamente sobre mi experiencia con personas de confianza también fue esencial; compartir mis sentimientos y temores me recordó que no estaba sola y que había personas dispuestas a ayudarme a levantarme cuando tropezaba.

Al aprender de estos momentos oscuros y aplicar las estrategias que había adquirido, encontré la fuerza para recuperarme y continuar mi viaje hacia la luz al final del túnel. Cada recaída se convirtió en una oportunidad de crecimiento, recordándome mi resiliencia y mi capacidad para superar incluso los desafíos más difíciles.

"Depresión y Ansiedad, A Mí También Me Pasó"

Capítulo 9: Crecimiento Personal y Resiliencia

A medida que mi viaje de sanación progresaba, descubrí la capacidad asombrosa del crecimiento personal y la resiliencia. En este capítulo, exploraré cómo desarrollar la resiliencia emocional y encontrar significado y propósito se convirtieron en piedras angulares en mi camino hacia la recuperación.

Desarrollando la Resiliencia Emocional

La resiliencia emocional se convirtió en mi ancla en medio de las tormentas emocionales. Aprendí a aceptar mis emociones, incluso las más dolorosas, como partes naturales de la experiencia humana. En lugar de reprimir o ignorar mis sentimientos, los enfrenté con valentía. Permitirme sentir tristeza, ira y miedo sin juzgarme me dio una comprensión más profunda de mis propias emociones y me ayudó a liberar su poder sobre mí.

La práctica continua de la atención plena se convirtió en mi aliada en este viaje. A través de la meditación y la observación consciente de mis pensamientos y emociones, aprendí a distanciarme de ellos. Esta perspectiva distante me dio la capacidad de responder a mis emociones de manera consciente en lugar de reaccionar impulsivamente. A medida que desarrollaba esta habilidad, mi resiliencia emocional creció,

"Depresión y Ansiedad, A Mí También Me Pasó"

permitiéndome enfrentar los desafíos con calma y claridad.

Encontrando Significado y Propósito

En medio de la oscuridad, encontré significado y propósito. Exploré mis pasiones y descubrí actividades que encendían mi alma. La escritura se convirtió en mi salvación; poner mis experiencias y pensamientos en palabras no solo fue terapéutico, sino que también me dio un sentido de propósito. Saber que mis palabras podían tocar a otros y ayudarlos en sus propios viajes me dio una razón para seguir adelante.

Además, encontrar significado en las conexiones humanas se convirtió en un aspecto fundamental de mi vida. Al ayudar a los demás y compartir mi experiencia, encontré un propósito más grande que yo misma. Participar en actividades benéficas y trabajar en proyectos comunitarios no solo me conectó con personas que compartían mis valores, sino que también me recordó la importancia de la empatía y la compasión en nuestro viaje conjunto.

A través de estas prácticas, aprendí a abrazar mi vulnerabilidad y transformarla en fortaleza. Descubrí que, incluso en medio de la adversidad, podía encontrar significado y crecimiento personal, y que mi capacidad para superar desafíos estaba intrínsecamente ligada a mi capacidad para encontrar propósito y significado en cada experiencia.

"Depresión y Ansiedad, A Mí También Me Pasó"

Capítulo 10: Mantener el Bienestar a Largo Plazo

En este capítulo, compartiré las prácticas diarias que he adoptado para mantener mi bienestar mental a largo plazo. Además, exploraré cómo contribuir a la conciencia pública sobre la depresión y la ansiedad se convirtió en una misión fundamental en mi vida, permitiéndome transformar mi propia lucha en una fuente de apoyo y esperanza para los demás.

Prácticas Diarias para el Bienestar Mental

Establecer una rutina diaria de autocuidado se convirtió en mi piedra angular para mantener mi bienestar mental. La meditación matutina se convirtió en mi ritual sagrado, un momento de calma y reflexión que me preparaba para el día. Practicar la gratitud se convirtió en una práctica diaria, recordándome las bendiciones en mi vida incluso en medio de los desafíos.

El ejercicio regular se convirtió en una fuente de liberación emocional y fortaleza física. Ya sea yoga, caminar al aire libre o cualquier forma de movimiento que me trajera alegría, hacer ejercicio se convirtió en una forma de honrar mi cuerpo y mi mente. La alimentación equilibrada y el sueño adecuado también se volvieron fundamentales; cuidar mi cuerpo se convirtió en una expresión tangible de amor propio.

"Depresión y Ansiedad, A Mí También Me Pasó"

Contribuir a la Conciencia Pública

Mi experiencia personal me impulsó a contribuir a la conciencia pública sobre la depresión y la ansiedad. Compartir mi historia se convirtió en una forma de desafiar el estigma que rodea la salud mental. Participar en eventos de sensibilización, escribir en blogs y hablar en público se convirtieron en mis herramientas para difundir el mensaje de esperanza y comprensión.

Además, trabajar con organizaciones benéficas y grupos de apoyo se convirtió en mi forma de devolver a la comunidad. Ayudar a otros a comprender y enfrentar la depresión y la ansiedad se convirtió en mi misión. Al proporcionar recursos y apoyo a aquellos que luchan, encontré un propósito significativo que trascendió mi propia experiencia.

Este capítulo es un testimonio de cómo mantener el bienestar mental a largo plazo implica prácticas diarias de autocuidado y una conexión activa con la comunidad. Al cuidar de mí misma y al mismo tiempo contribuir a la conciencia pública sobre la depresión y la ansiedad, encontré un equilibrio que nutrió tanto mi alma como mi comunidad. Mi viaje no solo se convirtió en un testimonio personal de resiliencia, sino también en un faro de esperanza para aquellos que, como yo, buscan la luz en medio de la oscuridad.

"Depresión y Ansiedad, A Mí También Me Pasó"

Capítulo 11: El Poder de la Gratitud y la Mindfulness

En este capítulo, profundizaré en el poder transformador de la gratitud y la mindfulness en mi vida. Exploraré cómo cultivar la gratitud en la vida diaria se convirtió en un faro de luz, y cómo practicar la mindfulness me permitió vivir el presente con plenitud, transformando mi relación con la depresión y la ansiedad.

Cultivando la Gratitud en la Vida Diaria

La gratitud se convirtió en una fuerza motriz en mi viaje de sanación. Aprender a apreciar incluso los momentos más pequeños y las bendiciones cotidianas cambió mi enfoque de ver lo que faltaba en mi vida a lo que ya tenía. Cada día, tomaba un momento para reflexionar sobre las cosas por las que estaba agradecida. Desde el calor del sol en mi piel hasta la sonrisa de un amigo, estas pequeñas alegrías se convirtieron en puntos de luz que iluminaban mi día.

La práctica de la gratitud no solo cambió mi perspectiva, sino que también transformó mi estado emocional. Me ayudó a encontrar consuelo y alegría incluso en medio de la adversidad. Agradecer por las lecciones aprendidas durante los momentos difíciles y las oportunidades de crecimiento me dio la fuerza para seguir adelante con esperanza y determinación.

"Depresión y Ansiedad, A Mí También Me Pasó"

Mindfulness: Vivir el Presente con Plenitud

La práctica de la mindfulness se convirtió en una forma de vida para mí. A través de la atención plena, aprendí a estar completamente presente en el momento, liberándome de las cadenas del pasado y las preocupaciones del futuro. La respiración consciente se convirtió en mi ancla, un recordatorio constante de que el presente es el único momento real que tenemos.

La mindfulness también se convirtió en una herramienta poderosa para manejar la depresión y la ansiedad. Al observar mis pensamientos y emociones sin juzgarlos, pude liberar su poder sobre mí. A través de la meditación y la atención plena en las actividades diarias, aprendí a encontrar paz en el caos mental y a enfrentar los desafíos con calma y claridad.

. Cultivar la gratitud me permitió encontrar alegría incluso en los momentos difíciles, mientras que la mindfulness me enseñó a vivir el presente con plenitud. Estas prácticas no solo se convirtieron en herramientas de manejo, sino también en formas de abrazar la vida con gratitud y aceptación, recordándome que cada momento, incluso los más simples, tiene un valor intrínseco y una belleza que merece ser apreciada.

Capítulo 12: Explorando la Autoaceptación y el Amor Propio

En este capítulo, me adentraré en el viaje de la autoaceptación y el amor propio, explorando cómo aprender a amarse a uno mismo se convirtió en un camino transformador. Abrazar la vulnerabilidad y la autoaceptación se convirtió en los cimientos sobre los cuales construí mi fuerza interior, transformando mi relación con la depresión y la ansiedad.

Aprender a Amarse a Uno Mismo

Aprender a amarse a uno mismo fue un proceso complejo y a menudo desafiante. Requiere enfrentar las heridas del pasado, desafiar las creencias limitantes y cultivar un profundo sentido de autoestima. A medida que me embarcaba en este viaje, aprendí a ser mi propio mejor amigo, a tratarme con la misma bondad y compasión que brindaría a un ser querido.

La práctica del autocuidado se convirtió en mi forma de honrarme a mí misma. Aprender a decir no cuando era necesario y a establecer límites saludables se convirtió en un acto de amor propio, protegiendo mi energía y bienestar emocional. También aprendí a celebrar mis logros, grandes o pequeños, reconociendo que cada paso adelante en mi viaje de sanación era una victoria que merecía ser celebrada.

Abrazando la Vulnerabilidad y la Autoaceptación

Abrazar la vulnerabilidad se convirtió en una fuente de fortaleza. Al aceptar mis imperfecciones y permitirme ser auténtica, encontré una conexión más profunda conmigo misma y con los demás. La vulnerabilidad se convirtió en un acto de valentía, permitiéndome mostrar mi verdadero ser al mundo sin miedo al juicio o la crítica.

La autoaceptación se convirtió en el regalo más preciado que me di a mí misma. Aceptar todas las partes de mí, incluso las sombras y las cicatrices emocionales, me permitió sanar desde adentro. En lugar de luchar contra mis debilidades, aprendí a abrazarlas como parte de mi humanidad. Al hacerlo, encontré una profunda paz interior y una conexión más rica con el mundo que me rodea.

Aprender a amarse a uno mismo se convirtió en un acto revolucionario, empoderándome para enfrentar la depresión y la ansiedad con valentía y compasión. Al abrazar mi vulnerabilidad y aceptar cada parte de mí, encontré la verdadera libertad y la capacidad de vivir una vida plena y auténtica. Mi viaje hacia la sanación no solo se convirtió en un camino hacia la luz, sino también en un viaje hacia el amor incondicional por mí misma, recordándome que, incluso en medio de la oscuridad, el amor propio puede ser la luz que guía el camino hacia un futuro más brillante.

"Depresión y Ansiedad, A Mí También Me Pasó"

Capítulo 13: El Rol de la Nutrición y el Ejercicio en la Salud Mental

En este capítulo, exploraré profundamente el impacto de la nutrición y el ejercicio en la salud mental. Analizaré cómo una dieta equilibrada y la atención a la nutrición se convirtieron en un pilar esencial de mi bienestar mental, y cómo incorporar el ejercicio en mi rutina diaria transformó no solo mi cuerpo, sino también mi mente.

Dieta y Nutrición para el Bienestar Mental

La conexión entre lo que comemos y cómo nos sentimos es profunda y compleja. A medida que exploré mi viaje hacia la sanación, me di cuenta del papel crucial que juega la dieta en la salud mental. Optar por alimentos nutritivos y equilibrados se convirtió en una forma de honrar mi cuerpo y proporcionarle los nutrientes necesarios para funcionar correctamente.

Prioricé alimentos ricos en vitaminas, minerales y antioxidantes, conocidos por sus beneficios para la salud mental. Incorporar una variedad de frutas, verduras, granos enteros y proteínas magras en mi dieta se convirtió en una parte fundamental de mi enfoque hacia la salud mental. Evitar el exceso de azúcares procesados y grasas saturadas se convirtió en una decisión consciente para mantener la estabilidad emocional.

"Depresión y Ansiedad, A Mí También Me Pasó"

Además, aprendí a prestar atención a cómo ciertos alimentos afectaban mi estado de ánimo y energía. Al ser consciente de las reacciones de mi cuerpo a diferentes alimentos, pude hacer elecciones informadas que apoyaban mi bienestar emocional.

Incorporando el Ejercicio en la Rutina Diaria

El ejercicio se convirtió en mi aliado en mi viaje hacia la salud mental. No solo mejoró mi condición física, sino que también tuvo un impacto significativo en mi bienestar emocional. La actividad física regular liberaba endorfinas, las llamadas "hormonas de la felicidad", que aliviaban el estrés y mejoraban mi estado de ánimo.

Incorporé una variedad de actividades físicas en mi rutina diaria, desde caminar y correr hasta yoga y entrenamiento de fuerza. Encuentros regulares con la naturaleza a través de caminatas al aire libre no solo me proporcionaron ejercicio físico, sino también una sensación de paz y conexión con el mundo natural.

El ejercicio se convirtió en un medio para liberar la tensión acumulada y canalizar emociones difíciles. A través del movimiento, encontré una salida para la ansiedad y la frustración, transformando la energía negativa en positiva. Además, el ejercicio regular mejoró mi calidad de sueño, lo que a su vez tuvo un impacto positivo en mi salud mental y emocional.

Al cuidar mi cuerpo a través de una dieta equilibrada y la actividad física regular, encontré una mayor estabilidad emocional y una mayor resistencia frente a los desafíos de la vida. La atención a mi salud física se convirtió en una forma de cuidar también mi salud mental, proporcionándome la fuerza y la vitalidad necesarias para superar la depresión y la ansiedad.

"Depresión y Ansiedad, A Mí También Me Pasó"

"Depresión y Ansiedad, A Mí También Me Pasó"

Capítulo 14: Arte y Creatividad como Terapia

En este capítulo, exploraré el poder del arte y la creatividad como formas de terapia. Examinaré cómo la expresión creativa se convirtió en una herramienta transformadora para sanar mi alma y cómo descubrir la terapia del arte y la escritura se convirtió en un medio para explorar mis emociones más profundas y encontrar la curación en la creatividad.

Expresión Creativa para Sanar el Alma

Descubrir el arte como una forma de expresión fue un descubrimiento revelador en mi viaje hacia la sanación. La pintura, el dibujo y otras formas de expresión artística se convirtieron en formas de liberar emociones que a menudo eran difíciles de poner en palabras. El proceso creativo se convirtió en una catarsis, permitiéndome explorar las profundidades de mis pensamientos y sentimientos de una manera no verbal y, a menudo, subconsciente.

La creatividad también se convirtió en un medio para encontrar belleza incluso en medio del dolor. Crear arte me permitió transformar la oscuridad en luz, representando mis experiencias de una manera que me empoderaba en lugar de limitarme. La libertad en la expresión artística me dio permiso para ser vulnerable y

"Depresión y Ansiedad, A Mí También Me Pasó"

auténtica, un paso crucial hacia la autoaceptación y la curación emocional.

Descubriendo la Terapia del Arte y la Escritura

Descubrir la terapia del arte y la escritura fue un punto de inflexión en mi viaje de sanación. Participar en sesiones de arte terapéutico y escribir en un diario se convirtieron en formas de terapia que me permitieron explorar mis pensamientos más profundos y liberar emociones reprimidas. La creación artística y la escritura se convirtieron en herramientas para procesar traumas pasados, enfrentar miedos y celebrar triunfos, proporcionando una salida segura para mis emociones complejas.

El acto de crear se convirtió en una forma de meditación en movimiento. Al concentrarme en el trazo del pincel o en las palabras que fluían en la página, encontré una paz interior y una conexión con mi ser más profundo. La terapia del arte y la escritura me brindaron un espacio sagrado donde podía ser yo misma sin juicios, permitiéndome explorar libremente mis pensamientos y emociones sin restricciones.

La expresión creativa se convirtió en una forma de comunicación profunda y significativa conmigo misma y con el mundo que me rodea. A través del arte y la escritura, encontré una voz para mis experiencias, una voz que me empoderó y me permitió abrazar mi autenticidad. Estas formas de terapia no solo se convirtieron en medios para liberar emociones, sino también en caminos hacia la autoexploración y la comprensión más profunda de mi

"Depresión y Ansiedad, A Mí También Me Pasó"

ser, proporcionándome una fuente inagotable de sanación y crecimiento personal.

"Depresión y Ansiedad, A Mí También Me Pasó"

"Depresión y Ansiedad, A Mí También Me Pasó"

Capítulo 15: Navegando las Relaciones Familiares Durante la Depresión y la Ansiedad

En este capítulo, exploraré los desafíos y las alegrías de navegar las relaciones familiares durante la depresión y la ansiedad. Analizaré la importancia de la comunicación abierta en la familia y cómo el apoyo familiar y las relaciones parentales se convirtieron en factores cruciales en mi viaje hacia la sanación.

Comunicación Abierta en la Familia

La depresión y la ansiedad pueden ejercer una presión significativa en las relaciones familiares. La comunicación abierta se convirtió en un puente vital para superar las barreras emocionales. Aprender a hablar abiertamente sobre mis pensamientos y sentimientos fue fundamental para que mi familia comprendiera mi experiencia y para que yo pudiera recibir el apoyo que necesitaba.

Fomentar la empatía y la comprensión mutua se convirtió en un proceso continuo. Mi familia y yo aprendimos a escuchar sin juzgar, a aceptar los altibajos emocionales y a celebrar los pequeños triunfos. La comunicación abierta no solo nos permitió enfrentar los desafíos juntos, sino

"Depresión y Ansiedad, A Mí También Me Pasó"

también celebrar los momentos de alegría y esperanza como familia.

Apoyo Familiar y Relaciones Parentales

El apoyo familiar se convirtió en un ancla en medio de las tormentas emocionales. Mis seres queridos se convirtieron en pilares de fuerza, proporcionando amor incondicional y apoyo inquebrantable. A través de su apoyo, encontré consuelo en los momentos difíciles y motivación para seguir adelante en mi viaje hacia la sanación.

Las relaciones parentales también jugaron un papel crucial en mi recuperación. Aprender a establecer límites saludables mientras mantenía una conexión emocional con mis padres fue fundamental. La comprensión mutua y el respeto por mis necesidades emocionales crearon un ambiente de seguridad en el hogar, permitiéndome sanar y crecer en un entorno de apoyo.

Este capítulo es un testimonio de cómo navegar las relaciones familiares durante la depresión y la ansiedad puede ser un proceso desafiante pero profundamente enriquecedor. La comunicación abierta y el apoyo familiar se convirtieron en cimientos sólidos en mi viaje hacia la sanación. A través de estas relaciones, encontré amor, comprensión y un sentido de pertenencia, recordándome que, incluso en medio de la oscuridad, el calor y el apoyo de la familia pueden ser una fuente inquebrantable de fuerza y esperanza.

"Depresión y Ansiedad, A Mí También Me Pasó"

Capítulo 16: El Impacto del Entorno en la Salud Mental

En este capítulo, exploraré cómo el entorno, tanto en casa como en el trabajo, puede influir significativamente en la salud mental. Analizaré cómo crear un entorno positivo se convirtió en un aspecto crucial de mi recuperación y cómo aprendí a manejar el estrés en el entorno cotidiano para preservar mi bienestar emocional.

Creando un Entorno Positivo en Casa y en el Trabajo

El entorno en el que vivimos y trabajamos puede tener un impacto profundo en nuestro estado de ánimo y bienestar emocional. Crear un entorno positivo en casa se convirtió en una prioridad para mí. Organizar mi espacio de manera que me brindara calma y comodidad fue un paso importante. Colores cálidos, elementos naturales y una atmósfera tranquila se convirtieron en elementos fundamentales de mi hogar, proporcionándome un refugio seguro en medio del caos.

En el trabajo, establecer límites y practicar la autoafirmación se convirtieron en estrategias clave para preservar mi salud mental. Aprender a decir no cuando mi carga de trabajo era abrumadora y establecer límites claros con colegas y superiores me ayudó a mantener un equilibrio entre mi vida laboral y personal. Además,

"Depresión y Ansiedad, A Mí También Me Pasó"

fomentar relaciones positivas en el entorno laboral y buscar apoyo cuando era necesario creó un ambiente de trabajo más saludable y colaborativo.

Manejando el Estrés en el Entorno Cotidiano

El estrés cotidiano puede acumularse rápidamente y afectar la salud mental. Aprender a manejar el estrés se convirtió en una habilidad invaluable en mi viaje hacia la sanación. La práctica regular de técnicas de relajación, como la meditación y la respiración profunda, se convirtieron en herramientas efectivas para reducir el estrés y encontrar calma en medio del ajetreo diario.

La administración del tiempo se convirtió en otra estrategia importante para gestionar el estrés. Priorizar las tareas y establecer un equilibrio entre las responsabilidades laborales y personales me permitió evitar sentirme abrumada. Aprender a delegar y buscar ayuda cuando era necesario también fue fundamental para evitar la sobrecarga y reducir el estrés en mi vida diaria.

Al crear un entorno positivo tanto en casa como en el trabajo, encontré estabilidad emocional y un sentido de pertenencia. Aprender a manejar el estrés me brindó herramientas para enfrentar los desafíos de la vida con calma y resiliencia. Estos aprendizajes no solo se convirtieron en medidas de autoprotección, sino también en formas de cultivar una mentalidad positiva y encontrar la paz en medio de las demandas diarias.

"Depresión y Ansiedad, A Mí También Me Pasó"

Capítulo 17: La Importancia del Sueño en el Bienestar Mental

Hábitos de Sueño Saludables

El sueño de calidad es fundamental para la salud mental. Durante mi viaje hacia la recuperación, aprendí a valorar y priorizar el sueño como una parte integral de mi bienestar emocional. Establecer una rutina regular para dormir y despertarse se convirtió en una práctica fundamental. Al acostarme y levantarme a la misma hora todos los días, mi cuerpo se ajustó a un ritmo natural, lo que mejoró la calidad de mi sueño.

Crear un ambiente propicio para el sueño también fue esencial. Mantener mi dormitorio oscuro, tranquilo y fresco ayudó a inducir un sueño más profundo y reparador. Evitar dispositivos electrónicos antes de dormir y practicar actividades relajantes, como leer o tomar un baño caliente, crearon una transición suave hacia el sueño.

Enfrentando los Desafíos del Insomnio

Enfrentar el insomnio fue uno de los desafíos más significativos en mi viaje hacia la recuperación. Adopté estrategias para enfrentar este desafío, incluyendo la práctica regular de técnicas de relajación antes de dormir.

"Depresión y Ansiedad, A Mí También Me Pasó"

La meditación guiada y la respiración profunda se convirtieron en herramientas efectivas para calmar mi mente y preparar mi cuerpo para el sueño.

Además, revisé mi estilo de vida y hábitos diarios para identificar posibles factores contribuyentes al insomnio. Reduje el consumo de cafeína y azúcar, especialmente por la tarde, y evité comidas pesadas antes de acostarme. Establecer límites claros para el trabajo y las actividades sociales también fue crucial para reducir el estrés antes de dormir.

Este capítulo es un testimonio de cómo la importancia del sueño en el bienestar mental se convirtió en una lección vital en mi viaje hacia la sanación. A través de la adopción de hábitos de sueño saludables y el enfrentamiento activo del insomnio, encontré una mejora significativa en mi estado de ánimo y capacidad para manejar el estrés. Valorar y cuidar mi sueño se convirtió en un acto de amor propio, proporcionándome la energía y la claridad mental necesarias para enfrentar cada día con determinación y positividad.

"Depresión y Ansiedad, A Mí También Me Pasó"

Capítulo 18: Superando el Miedo al Estigma

En este capítulo, exploraré el desafío de superar el miedo al estigma en el contexto de la salud mental. Analizaré cómo enfrenté los estereotipos y la discriminación, y cómo transformé mi experiencia en una voz de defensa para la salud mental en la sociedad.

Desafiar los Estereotipos y la Discriminación

Enfrentar el estigma fue una parte integral de mi viaje hacia la sanación. Al principio, el miedo al juicio y la discriminación me mantenía en silencio acerca de mis desafíos de salud mental. Sin embargo, a medida que avanzaba en mi recuperación, me di cuenta de la importancia de desafiar los estereotipos que rodean la depresión y la ansiedad.

Decidí compartir mi historia abiertamente, desafiando la percepción errónea de que la salud mental es una debilidad o algo de lo que avergonzarse. Al hablar con sinceridad sobre mis luchas, esperaba cambiar la narrativa y mostrar que las personas que viven con enfermedades mentales son fuertes, valientes y merecedoras de apoyo y comprensión.

Abogando por la Salud Mental en la Sociedad

Transformar mi experiencia en defensa fue un paso natural en mi viaje de recuperación. Me involucré

"Depresión y Ansiedad, A Mí También Me Pasó"

activamente en la defensa de la salud mental, participando en campañas de concientización, dando charlas públicas y escribiendo sobre mi experiencia en blogs y redes sociales. Abogar por la salud mental se convirtió en mi misión, no solo para mí, sino también para todas las personas que luchan en silencio.

Educando a la sociedad sobre las enfermedades mentales, promoviendo la compasión y la empatía, y abogando por mejores recursos y servicios de salud mental se convirtieron en mis objetivos. Crear un espacio seguro para que otros compartieran sus historias y encontraran apoyo se convirtió en parte de mi labor de defensa. Al hacerlo, esperaba contribuir a la creación de una sociedad más comprensiva y solidaria para todas las personas que enfrentan desafíos de salud mental.

Desafiar los estereotipos y abogar por un cambio significativo se convirtió en un acto de empoderamiento, no solo para mí, sino también para aquellos que han enfrentado la oscuridad de la depresión y la ansiedad. Mi viaje se convirtió en un faro de esperanza y una llamada a la acción, recordándole al mundo que la compasión y el apoyo pueden marcar la diferencia en la vida de quienes luchan con enfermedades mentales.

"Depresión y Ansiedad, A Mí También Me Pasó"

Capítulo 19: Afrontando los Desafíos Laborales con Depresión y Ansiedad

En este capítulo, exploraré los desafíos laborales que enfrenté durante mi lucha contra la depresión y la ansiedad. Analizaré cómo manejé el estrés laboral y cómo encontré apoyo en el lugar de trabajo, transformando un entorno potencialmente desafiante en un espacio de crecimiento y apoyo.

Manejando el Estrés Laboral

El estrés laboral puede exacerbar los síntomas de la depresión y la ansiedad. Aprendí a manejar el estrés laboral adoptando estrategias efectivas. La comunicación abierta con mis superiores sobre mis desafíos fue fundamental. Al ser honesta acerca de mis necesidades, pude establecer límites y recibir el apoyo necesario para equilibrar mi carga laboral.

Practicar técnicas de manejo del estrés en el trabajo se convirtió en una rutina diaria. Realizar pausas breves para la meditación, la respiración profunda o incluso dar un paseo corto ayudaba a reducir la tensión. Aprender a priorizar tareas y evitar la sobrecarga se convirtió en una habilidad crucial para preservar mi bienestar emocional en el trabajo.

"Depresión y Ansiedad, A Mí También Me Pasó"

Apoyo en el Lugar de Trabajo

Encontrar apoyo en el lugar de trabajo fue fundamental para mi recuperación. Al compartir mi situación con colegas de confianza, encontré comprensión y empatía. Algunas empresas ofrecen programas de apoyo para la salud mental, como asesoramiento o flexibilidad laboral, que aproveché para ayudar a manejar mis desafíos.

La creación de una red de apoyo en el trabajo también fue vital. Participar en grupos de apoyo de empleados o programas de bienestar laboral me brindó un espacio para compartir experiencias y consejos con personas que enfrentaban desafíos similares. Esta comunidad de apoyo me recordó que no estaba sola y que había recursos disponibles para ayudarme a sobrellevar los desafíos laborales.

Aprender a manejar el estrés laboral y encontrar apoyo en el lugar de trabajo se convirtió en una parte fundamental de mi recuperación. Al utilizar estrategias efectivas y aprovechar los recursos disponibles, transformé mi entorno laboral en un espacio de apoyo y crecimiento, demostrando que incluso en contextos desafiantes, es posible encontrar ayuda y solidaridad para enfrentar los desafíos de la salud mental en el trabajo.

"Depresión y Ansiedad, A Mí También Me Pasó"

Capítulo 20: El Viaje Espiritual hacia la Sanación

En este capítulo, exploraré el viaje espiritual hacia la sanación y cómo encontré consuelo en la espiritualidad durante mi lucha contra la depresión y la ansiedad. Analizaré cómo integré la espiritualidad en mi proceso de recuperación y cómo esta conexión profunda con lo espiritual se convirtió en una fuente de fuerza y esperanza en mi viaje hacia la sanación.

Encontrando Consuelo en la Espiritualidad

Durante los momentos más oscuros de mi lucha, encontré consuelo en la espiritualidad. La conexión con lo espiritual se convirtió en un faro de luz en medio de la oscuridad. Ya sea a través de la oración, la meditación, la conexión con la naturaleza o la participación en prácticas espirituales, encontré consuelo y paz en un sentido más profundo de propósito y significado en la vida.

La espiritualidad se convirtió en un refugio seguro donde podía dejar ir mis miedos y preocupaciones, confiando en que había algo más grande que yo que cuidaba de mí. A través de esta conexión, encontré la fortaleza para enfrentar los desafíos y la esperanza de que, incluso en medio de la tormenta, había un propósito para mi sufrimiento.

"Depresión y Ansiedad, A Mí También Me Pasó"

Integrando la Espiritualidad en el Proceso de Recuperación

Integrar la espiritualidad en mi proceso de recuperación fue transformador. Aprendí a cultivar la gratitud por las pequeñas bendiciones de la vida y a confiar en el proceso, incluso cuando las cosas parecían desesperadas. La espiritualidad se convirtió en una fuente de guía interna, ayudándome a tomar decisiones y a mantener la fe en mi camino hacia la sanación.

La práctica regular de la espiritualidad se convirtió en un ancla en medio de las tormentas emocionales. Al reservar tiempo para la reflexión, la oración o la meditación, encontré un espacio para sanar y renovar mi fuerza interior. La espiritualidad también me brindó una perspectiva más amplia, recordándome que mi viaje no solo se trataba de superar la depresión y la ansiedad, sino también de crecimiento personal y evolución espiritual.

Este capítulo es un testimonio de cómo el viaje espiritual hacia la sanación se convirtió en una parte fundamental de mi recuperación. La espiritualidad se convirtió en un faro de esperanza y consuelo, proporcionándome la fuerza y la orientación necesarias para enfrentar los desafíos de la vida. A través de esta conexión profunda con lo espiritual, encontré una fuente inagotable de amor, compasión y paz, recordándome que incluso en medio de la tormenta, la espiritualidad puede ser la luz que ilumina el camino hacia la sanación y la plenitud.

Capítulo 21: Construyendo Relaciones Románticas Saludables

En este capítulo, exploraré cómo construí relaciones románticas saludables durante mi proceso de recuperación. Analizaré cómo establecer límites y expectativas se convirtió en una parte fundamental de estas relaciones y cómo el apoyo mutuo en las relaciones de pareja se convirtió en una fuente de fuerza y estabilidad emocional en mi vida.

Estableciendo Límites y Expectativas

Establecer límites claros y expectativas realistas se convirtió en una prioridad al entrar en relaciones románticas durante mi recuperación. Aprendí a comunicar abierta y honestamente mis necesidades emocionales y a establecer límites que fueran respetados por mi pareja. Estos límites no solo se aplicaban a mi salud mental, sino también a mi tiempo, energía y espacio personal.

Al establecer expectativas realistas, evité la presión innecesaria sobre mí misma y mi relación. Acepté que tanto yo como mi pareja éramos seres humanos con nuestras propias imperfecciones y desafíos, y que el amor y el apoyo mutuo implicaban aceptarnos mutuamente tal como éramos. Esta aceptación me liberó de la carga de cumplir con estándares irreales y permitió que nuestra relación floreciera en un ambiente de autenticidad y comprensión.

Apoyo Mutuo en las Relaciones de Pareja

El apoyo mutuo se convirtió en el corazón de mis relaciones románticas saludables. Mi pareja y yo aprendimos a estar ahí el uno para el otro en los buenos y malos momentos. La empatía y la comprensión se convirtieron en las piedras angulares de nuestra relación, permitiéndonos apoyarnos mutuamente durante las luchas y celebrar juntos los triunfos.

Enfrentar la depresión y la ansiedad juntos fortaleció nuestra conexión emocional. Aprendimos a ser pacientes y comprensivos el uno con el otro, y encontramos formas creativas de apoyarnos mutuamente, ya sea mediante la escucha activa, la compañía tranquilizadora o el fomento de actividades positivas y saludables.

Este capítulo es un testimonio de cómo construí relaciones románticas saludables en medio de mi proceso de recuperación. Al establecer límites y expectativas claras y fomentar el apoyo mutuo, encontré en estas relaciones una fuente de amor, estabilidad emocional y fuerza. Estas experiencias demostraron que las relaciones románticas pueden ser no solo un apoyo en tiempos difíciles, sino también un espacio donde el amor y la comprensión mutua florecen, brindando consuelo y esperanza incluso en los momentos más oscuros.

"Depresión y Ansiedad, A Mí También Me Pasó"

Capítulo 22: El Papel de la Terapia Cognitivo-Conductual en la Recuperación

En este capítulo, exploraré el papel crucial de la Terapia Cognitivo-Conductual (TCC) en mi proceso de recuperación. Analizaré los principios y técnicas de la TCC que fueron fundamentales para mi mejora, así como los resultados y desafíos que enfrenté durante este proceso de terapia.

Principios y Técnicas de la Terapia Cognitivo-Conductual

La Terapia Cognitivo-Conductual (TCC) se convirtió en una herramienta valiosa en mi viaje hacia la recuperación. Aprendí a identificar y desafiar los patrones de pensamiento negativos que alimentaban mi depresión y ansiedad. La terapia me brindó técnicas para reestructurar mis pensamientos y cambiar mis comportamientos autodestructivos.

Algunas de las técnicas fundamentales de la TCC incluyeron la identificación y cuestionamiento de pensamientos automáticos negativos, la reestructuración cognitiva para cambiar creencias irracionales y la exposición gradual para superar miedos y ansiedades específicas. Estas técnicas me brindaron herramientas

"Depresión y Ansiedad, A Mí También Me Pasó"

prácticas para manejar situaciones desafiantes y regular mis emociones.

Resultados y Superación a Través de la Terapia Cognitivo-Conductual

A lo largo de la terapia, experimenté resultados significativos. Aprendí a manejar los síntomas de la depresión y la ansiedad de manera más efectiva, ganando gradualmente confianza en mi capacidad para enfrentar los desafíos. La TCC me proporcionó estrategias para afrontar el estrés, gestionar los pensamientos negativos y mejorar mi autoestima.

Sin embargo, el camino hacia la superación no fue fácil. Enfrenté desafíos y momentos de frustración durante la terapia. Superar patrones de pensamiento arraigados y cambiar comportamientos de larga data fue un proceso gradual y a menudo desafiante. Requirió perseverancia, apoyo continuo y la voluntad de enfrentar mis miedos más profundos.

A través de esta forma de terapia, encontré las herramientas para desafiar y cambiar patrones de pensamiento negativos, allanando el camino hacia una vida más positiva y significativa. Si bien el viaje fue arduo, la terapia se convirtió en una brújula que me guió hacia la superación, mostrándome que incluso en medio de la oscuridad, la esperanza y la curación son posibles con el apoyo adecuado y la determinación para cambiar.

"Depresión y Ansiedad, A Mí También Me Pasó"

Capítulo 23: Enfrentando los Desafíos del Tratamiento Médico

En este capítulo, exploraré los desafíos que enfrenté durante mi tratamiento médico para la depresión y la ansiedad. Analizaré la experiencia con medicamentos y sus efectos secundarios, así como la importancia del seguimiento médico y la adherencia al tratamiento en mi proceso de recuperación.

Medicamentos y Efectos Secundarios

El tratamiento médico se convirtió en una parte integral de mi recuperación. Los medicamentos recetados jugaron un papel crucial en el manejo de mis síntomas de depresión y ansiedad. Sin embargo, también enfrenté desafíos relacionados con los efectos secundarios de estos medicamentos. Desde somnolencia y mareos hasta cambios en el apetito y la libido, experimenté una variedad de efectos secundarios que, en ocasiones, resultaron difíciles de manejar.

Aprender a equilibrar los beneficios de los medicamentos con los efectos secundarios se convirtió en un proceso de prueba y error. Trabajar de cerca con mi médico para ajustar las dosis y probar diferentes medicamentos fue fundamental para encontrar una combinación que funcionara para mí. La paciencia y la comunicación abierta

"Depresión y Ansiedad, A Mí También Me Pasó"

con mi equipo de atención médica fueron clave para superar estos desafíos.

La Importancia del Seguimiento Médico y la Adherencia al Tratamiento

El seguimiento médico regular se convirtió en una parte esencial de mi tratamiento. Mantener citas regulares con mi médico y terapeuta permitió un monitoreo cercano de mi progreso y ajustes necesarios en mi tratamiento. La comunicación abierta sobre mis síntomas y efectos secundarios fue fundamental para recibir el apoyo adecuado y tomar decisiones informadas sobre mi tratamiento.

La adherencia al tratamiento también fue crucial para mi recuperación. Aprender a tomar mis medicamentos de manera regular y seguir las pautas proporcionadas por mi médico se convirtió en un compromiso constante. Además, participar activamente en mi proceso de tratamiento, haciendo preguntas y educándome sobre mi condición y opciones de tratamiento, me empoderó para tomar decisiones informadas sobre mi salud mental.

Este capítulo es un testimonio de los desafíos y triunfos que enfrenté durante mi tratamiento médico. A través de la perseverancia, la paciencia y la colaboración cercana con mi equipo de atención médica, encontré una combinación de tratamiento que funcionó para mí. Aprender a enfrentar los desafíos del tratamiento médico me recordó la importancia de la autodefensa y la determinación en el camino hacia la recuperación, demostrando que, incluso en medio de las dificultades, la esperanza y la curación son posibles con el apoyo adecuado y el compromiso con el tratamiento.

"Depresión y Ansiedad, A Mí También Me Pasó"

"Depresión y Ansiedad, A Mí También Me Pasó"

Capítulo 24: El Impacto de la Depresión y la Ansiedad en la Familia y Amigos

En este capítulo, exploraré el impacto que la depresión y la ansiedad tuvieron en mi familia y amigos. Analizaré cómo apoyar a los seres queridos que luchan con problemas de salud mental se convirtió en una parte crucial de mi recuperación, así como la importancia de fomentar una comunidad de apoyo en mi círculo social.

Apoyando a los Seres Queridos que Luchan con Problemas de Salud Mental

La depresión y la ansiedad no solo afectaron mi vida, sino también la de mis seres queridos. Mis amigos y familiares se enfrentaron a la angustia de verme luchar y, a menudo, se sintieron impotentes para ayudar. Sin embargo, su apoyo incondicional y amor constante se convirtieron en un ancla en medio de la tormenta.

Aprendieron junto conmigo sobre la naturaleza de la depresión y la ansiedad, educándose para comprender mejor mis desafíos. La paciencia y la empatía de mis seres queridos se convirtieron en una fuente invaluable de fortaleza. A través del diálogo abierto y honesto, pudieron

"Depresión y Ansiedad, A Mí También Me Pasó"

entender mejor mis necesidades y brindar el apoyo necesario cuando más lo necesitaba.

Fomentando una Comunidad de Apoyo

Fomentar una comunidad de apoyo se convirtió en una parte fundamental de mi proceso de recuperación. Me rodeé de personas que comprendían mis desafíos y estaban dispuestas a escuchar sin juzgar. Participar en grupos de apoyo, tanto en línea como en persona, me brindó un espacio para compartir experiencias, recibir consejos y sentirme conectada con personas que estaban pasando por situaciones similares.

Además, aprendí a establecer límites saludables con las personas que no comprendían completamente mis desafíos. Proteger mi espacio emocional se convirtió en una prioridad, lo que significaba rodearme de personas positivas y comprensivas, mientras mantenía cierta distancia de las relaciones tóxicas o negativas.

Este capítulo es un testimonio del poder transformador del apoyo de la familia, amigos y comunidad en mi proceso de recuperación. A través del amor, la comprensión y la comunidad, encontré la fuerza para superar los desafíos de la depresión y la ansiedad. Esta experiencia me enseñó la importancia de la conexión humana y cómo, incluso en los momentos más oscuros, el apoyo de los demás puede iluminar el camino hacia la esperanza y la sanación.

"Depresión y Ansiedad, A Mí También Me Pasó"

Capítulo 25: Celebrando la Vida Después de la Depresión y la Ansiedad

En este último capítulo, quiero compartir mi historia de esperanza y resiliencia. Analizaré los logros y metas que he alcanzado en mi viaje de recuperación y cómo estos triunfos han iluminado mi camino hacia un futuro brillante después de la tormenta. Mi objetivo es inspirar a otros que luchan contra la depresión y la ansiedad, mostrándoles que la recuperación es posible y que hay una vida plena esperando al final del túnel.

Logros y Metas Alcanzadas

A lo largo de mi viaje de recuperación, he alcanzado logros significativos que una vez parecían inalcanzables. Desde superar obstáculos personales hasta alcanzar metas educativas y profesionales, cada logro ha sido una victoria sobre la depresión y la ansiedad. Aprender a manejar mis emociones y desafíos de manera saludable me ha permitido construir relaciones significativas, encontrar satisfacción en mi trabajo y cultivar un sentido renovado de autoestima y autoconfianza.

Celebrando la Vida Después de la Depresión y la Ansiedad

Hoy, celebro la vida con gratitud y alegría. Cada día es un recordatorio de mi fortaleza y resiliencia. He aprendido a

"Depresión y Ansiedad, A Mí También Me Pasó"

apreciar las pequeñas alegrías de la vida y a vivir en el presente con plenitud. Mi experiencia con la depresión y la ansiedad no solo ha sido una prueba de mi resistencia, sino también una fuente de sabiduría y compasión. Me he convertido en una persona más empática, comprensiva y amorosa debido a mis desafíos.

Inspirando a Otros: Un Futuro Brillante Después de la Tormenta

Mi deseo es inspirar a otros que están luchando con la depresión y la ansiedad. Quiero ser un ejemplo viviente de que la recuperación es posible. No importa cuán oscuro parezca el camino, hay luz al final del túnel. Al buscar ayuda, establecer conexiones significativas y tener fe en el proceso de recuperación, se pueden superar los desafíos mentales y encontrar una vida plena y significativa al otro lado.

Al compartir mi historia, espero transmitir un mensaje de esperanza y aliento. La vida después de la depresión y la ansiedad puede ser increíblemente hermosa y valiosa. Cada día es una oportunidad para crecer, aprender y experimentar la alegría. Con el amor y el apoyo adecuados, todos pueden superar la tormenta y emerger más fuertes y más sabios. Mi viaje es un testimonio de que un futuro brillante está al alcance de todos, incluso después de los momentos más oscuros.

"Depresión y Ansiedad, A Mí También Me Pasó"

Conclusión

En el cierre de este libro, quiero enfatizar que la lucha contra la depresión y la ansiedad es un viaje personal y único para cada individuo. A lo largo de estas páginas, hemos explorado los desafíos, las estrategias y las victorias que pueden surgir en este camino. Recuerda que no estás solo en esta travesía. La esperanza, la resiliencia y el apoyo adecuado pueden iluminar incluso los días más oscuros.

Lecturas Recomendadas

"El Poder del Ahora" por Eckhart Tolle - Una exploración profunda sobre la importancia de vivir en el presente para encontrar paz interior.

"Los Cuatro Acuerdos" por Don Miguel Ruiz - Ofrece sabiduría práctica para vivir una vida auténtica y significativa.

"El Arte de Amar" por Erich Fromm - Un análisis profundo sobre las complejidades del amor y cómo puede transformar nuestras vidas.

"Cuando Respiras" por Farbod Razzaghmanesh - Un libro que explora la conexión entre la respiración consciente y el bienestar mental.

"Depresión y Ansiedad, A Mí También Me Pasó"

"La Mente Serena" por Thich Nhat Hanh - Ofrece técnicas de mindfulness y meditación para calmar la mente y encontrar la paz interior.

Agradecimientos

Quiero expresar mi profundo agradecimiento a todos los que han sido parte de este viaje, desde amigos y familiares que brindaron apoyo incondicional, hasta los profesionales de la salud mental que guiaron mi camino hacia la recuperación. También agradezco a los lectores por compartir este viaje conmigo. Su valentía y determinación para enfrentar la oscuridad son una fuente de inspiración. Recuerden, incluso en los días más difíciles, hay esperanza y ayuda disponible. Juntos, podemos superar los desafíos y encontrar la luz en nuestras vidas.

Lucia Flores

"Depresión y Ansiedad, A Mí También Me Pasó"

"Depresión y Ansiedad, A Mí También Me Pasó"

"Depresión y Ansiedad, A Mí También Me Pasó"

Made in United States
Orlando, FL
22 September 2024